Geschenke für Gäste

Polly X
Luca X
Sophia X

Geschenke für Gäste

Köstliche Mitgebsel für Hochzeit, Taufe und mehr

Susannah Blake

Fotos von Carolyn Barber

Jan Thorbecke Verlag

VERLAGSGRUPPE PATMOS

PATMOS
ESCHBACH
GRÜNEWALD
THORBECKE
SCHWABEN

Die Verlagsgruppe
mit Sinn für das Leben

Aus dem Englischen übersetzt
von Renate Christ

Umschlaggestaltung: Finken & Bumiller, Stuttgart
Gedruckt in China
ISBN 978-3-7995-0389-1

Allgemeine Hinweise

• Wenn nicht anders angegeben, beziehen sich alle Mengenangaben in Löffeln auf gestrichene Löffel.

• Wenn nicht anders angegeben, werden für die Rezepte mittelgroße Eier verwendet. Rohe oder nicht vollständig durchgegarte Eier sollten kleinen Kindern, alten Menschen, Menschen mit geschwächtem Immunsystem und Schwangeren nicht zum Verzehr angeboten werden.

• Wenn für ein Rezept die geriebene Schale einer Zitrusfrucht benötigt wird, sollten Sie unbehandelte Früchte kaufen und sie vor Gebrauch gründlich waschen. Behandelte Früchte waschen Sie gründlich in warmem Seifenwasser, bevor Sie sie verwenden.

• Um Einmachgläser und Flaschen zu sterilisieren, waschen Sie sie in heißem Spülwasser und spülen Sie sie mit kochendem Wasser ab. Stellen Sie die Gläser in einen großen Topf mit so viel Wasser, dass sie gut bedeckt sind. Bringen Sie das Wasser bei geschlossenem Deckel zum Kochen und lassen Sie es 15 Minuten lang kochen. Schalten Sie den Herd ab und lassen Sie die Gläser bis zur Verwendung im heißen Wasser. Stellen Sie die Gläser oder Flaschen zum Trocknen mit der Öffnung nach unten auf ein sauberes Geschirrtuch. Sterilisieren Sie die Deckel, indem Sie sie 5 Minuten lang kochen. Die Gläser und Flaschen sollten gefüllt und verschlossen werden, solange sie noch heiß sind.

Inhalt

Einführung

Die Tradition, dass Braut und Bräutigam ihren Hochzeitsgästen ein kleines Geschenk überreichen, ist mehrere Jahrhunderte alt und geht auf den europäischen Adel zurück. Damals schenkte man den Gästen kleine, kunstvoll gearbeitete Schächtelchen mit Zuckerwürfeln oder Konfekt. Im Laufe der Zeit wurde Zucker ein weniger kostbares Gut und die Tradition verbreitete sich. Mehrere Jahrhunderte lang waren Mandeln mit Zuckerüberzug das Geschenk der Wahl. Selbst bei modernen Hochzeiten besteht das klassische Gastgeschenk immer noch aus fünf Mandeln mit Zuckerglasur in einem Stoffsäckchen. Die Mandeln stehen für Gesundheit, Wohlstand, Glück, Fruchtbarkeit und ein langes Leben.

Heutzutage sind Gastgeschenke ein wesentlicher Teil des Hochzeitsempfangs und reichen von einfachen Mandeln oder einzeln in hübschen Geschenkschachteln verpackten Pralinen bis hin zu raffinierten, mit den Namen des Brautpaares und dem Hochzeitsdatum personalisierten Geschenken. Wofür Sie sich auch entscheiden, die Präsentation ist stets äußerst wichtig und sollte mit dem Thema Ihrer Hochzeit und den Persönlichkeiten von Braut und Bräutigam verknüpft sein.

Auch bei der besten Planung der Welt kann die Zeit unmittelbar vor dem Hochzeitstag mit Stress und Nervosität belastet sein. Um die Anspannung nicht noch zu vergrößern, sollten Sie die geplanten Gastgeschenke früh in Angriff nehmen. Die meisten Rezepte in diesem Buch können zwar erst ein paar Tage vor der Hochzeit zubereitet werden, damit sie richtig gut schmecken. Eine böse Überraschung in letzter Minute können Sie jedoch durch eine frühzeitige Auswahl der Gastgeschenke verhindern. Spätestens einen Monat vor der Hochzeit sollten Sie das Rezept einmal ausprobieren. Entsprechen Aussehen und Geschmack genau Ihren Wünschen? Können Sie sich vorstellen, mehrere Portionen davon zuzubereiten, ohne sich die Haare zu raufen? Lassen Sie sich bei der Bestellung der perfekten Verpackung viel Zeit. Und wenn Sie die Verpackung selbst anfertigen möchten, wie z.B. Popcornschachteln, Zellophantütchen oder Knallbonbons, dann empfehle ich Ihnen, dies weit im Voraus zu tun.

Mit ein wenig Planung können Sie unangenehme Überraschungen bei der Zubereitung der Gastgeschenke vermeiden. Dann dürfen Sie sich zurücklehnen und die Geschenke am Tag vor der Hochzeit ganz entspannt verpacken.

Süßwaren & Konfekt

Lokum

Glitzernde Würfel aus hellrosa Lokum, mit Rosenwasser zart aromatisiert, ergeben ein zauberhaft romantisches Gastgeschenk. Wenn Sie es am Tisch anbieten wollen, richten Sie es auf einer Servierplatte an, jedes Stück Lokum auf einem frischen Rosenblütenblatt. Gleichermaßen hübsch sehen ein paar Würfel in einer Geschenkdose aus, verziert mit einer Schleife und eventuell mit getrockneten Rosenblütenblättern.

2 EL Rosenwasser
rosa Speisefarbe
4 EL Gelatinepulver
700 g extrafeiner Zucker
2 EL Puderzucker
1 EL Speisestärke

eine 20 cm große quadratische Backform, gefettet

64 Stück

400 ml Wasser in einen großen Topf geben, das Rosenwasser und so viel Speisefarbe hinzufügen, dass ein kräftiges Rosa entsteht. Gelatine und Zucker einstreuen und alles bei milder Hitze unter gelegentlichem Rühren so lange erwärmen, bis sich der Zucker aufgelöst hat. Zum Kochen bringen, anschließend die Hitze reduzieren und 20 Minuten lang leise köcheln lassen.

Den Topf mit der fertigen Mischung vom Herd nehmen und ein paar Minuten lang abkühlen lassen. Eventuell vorhandenen Schaum abschöpfen und die Mischung in die vorbereitete Backform füllen. Mit Frischhaltefolie bedecken und zum Festwerden 3 Stunden lang in den Kühlschrank stellen.

Das fest gewordene Lokum auf ein großes Brett stürzen und mit einem scharfen Messer zunächst in 8 Streifen, die Streifen dann in 8 Würfel schneiden, sodass sich insgesamt 64 Würfel ergeben. Puderzucker und Speisestärke vermischen und auf einen großen Teller sieben. Die Lokumwürfel darin wälzen.

Das Lokum in einem luftdicht verschließbaren Behälter zwischen Backpapier geschichtet aufbewahren, bis es benötigt wird. Es kann bis zu 1 Woche im Voraus zubereitet werden.

Veilchen- und Rosen-Schokoladensplitter

200 g dunkle Schokolade, in Stücke gebrochen

kandierte Veilchen- und Rosenblütenblätter zum Dekorieren

ein Backblech, mit Backpapier ausgelegt

ca. 50 Stück

Diese einfachen, spitzen und mit kandierten Veilchen- und Rosenblütenblättern übersäten Schokoladenstücke sehen in einer flachen Schale oder Schüssel angerichtet sehr hübsch aus. Kreieren Sie Ihre eigene Schokoladenskulptur auf dem Tisch, indem Sie die Splitter zu interessanten Formen auftürmen. Bedenken Sie jedoch, dass Schokolade leicht schmilzt. Wenn Ihre Hochzeit also bei sommerlich warmen Temperaturen stattfindet, sollten die Schokoladensplitter kühl stehen.

Die Schokolade in einer hitzebeständigen Schüssel über einem heißen Wasserbad teilweise schmelzen, dann vom Wasserbad nehmen und umrühren, bis sie vollständig geschmolzen ist.

Die geschmolzene Schokolade in die Mitte des vorbereiteten Backbleches geben und behutsam zu einer ca. 3 mm dicken Schicht verstreichen. Eine Hälfte mit den kandierten Veilchenblüten bestreuen, die andere Hälfte mit den kandierten Rosenblütenblättern. Zwischen den Blütenblättern ausreichend Abstand lassen.

Die Schokolade in einem kühlen Raum fest werden lassen. Wenn die Schokolade fest, aber noch nicht hart ist, die Platte vom Backblech nehmen und mit einem scharfen Messer in lange, zierliche Splitter schneiden.

Wenn die Schokolade vollständig ausgehärtet ist, behutsam das Backpapier abziehen und die Splitter bis zum Gebrauch im Kühlschrank aufbewahren. Die Schokoladensplitter können bis zu 1 Woche im Voraus zubereitet werden.

Vanille-Blaubeer-Fudge

500 g extrafeiner Zucker
200 g Crème double
60 g Butter
1 Pr Salz
1 TL Vanilleextrakt
85 g getrocknete Blaubeeren

eine 20 cm große quadratische Backform, gefettet

64 Stück

Fudge ist ein wunderbar einfacher Genuss, den jeder mag und der etwas Nostalgisches an sich hat. Also wie wäre es, wenn Sie Ihr Fudge in kleine Einmachgläser füllen, die an altmodische Bonbongläser erinnern, und sie mit hübschem Stoff und einem Blüten- oder Blätterzweig dekorieren?

Zucker, Crème double, Butter und Salz in einem großen Topf unter gelegentlichem Rühren so lange behutsam erhitzen, bis die Butter geschmolzen ist und der Zucker sich aufgelöst hat. Die Mischung ohne zu rühren zum Kochen bringen und weiterhin behutsam auf 118 °C erhitzen. (Wenn Sie kein Zuckerthermometer besitzen, lassen Sie einen Tropfen Sirup in ein Glas kaltes Wasser fallen. Der Tropfen sollte seine Form behalten und sich zu einer weichen Kugel formen lassen.)

Wenn der Sirup fertig ist, den Topf vom Herd nehmen und den Vanilleextrakt einrühren. Die Masse so lange schlagen, bis sie eindickt, dann die Blaubeeren unterrühren. Die Masse in die vorbereitete Backform geben, mit einem Messer gleichmäßig verteilen und die Oberfläche glatt streichen. Erkalten lassen.

Das erkaltete und fest gewordene Fudge auf ein Brett stürzen und das Quadrat mit einem scharfen Messer zunächst in 8 Streifen und diese dann jeweils in 8 Würfel schneiden, sodass sich insgesamt 64 Würfel ergeben. Bis zum Gebrauch in einem luftdicht verschließbaren Behälter aufbewahren. Das Fudge kann bis zu 1 Woche im Voraus zubereitet werden.

Kokoswürfel

1 Dose gezuckerte Kondensmilch (ca. 400 g)

350 g ungesüßte Kokosraspel

375 g Puderzucker, gesiebt

rosa Speisefarbe

eine 20 cm große quadratische Backform, gefettet

64 Stück

Diese Kokoswürfel haben eine herrlich altmodische Ausstrahlung und können ein wenig köstlichen Kitsch und freche Akzente in eine Hochzeitsfeier bringen. Die rosa und weiß gestreiften Kokoswürfel sehen traumhaft aus, wenn man sie auf kleinen gläsernen, mit Bändern geschmückten Tortenständern anrichtet.

Kondensmilch, Kokosraspel und Puderzucker in einer großen Rührschüssel miteinander vermischen. Da die Masse sehr fest ist, ist dies etwas mühsam.

Die Hälfte der Masse in die vorbereitete Backform füllen, mit einem Löffel verteilen und festdrücken.

Die zweite Hälfte der Masse mit ein paar Tropfen Speisefarbe rosa bis zur gewünschten Farbintensität färben. Die rosa Masse auf die weiße geben, mit dem Löffel gleichmäßig verteilen und gut festdrücken. Mit Frischhaltefolie abdecken und über Nacht in den Kühlschrank stellen.

Die Masse auf ein Brett stürzen und das Quadrat mit einem scharfen Messer in 64 Würfel schneiden. Bis zum Gebrauch in einem luftdicht verschließbaren Behälter aufbewahren. Die Kokoswürfel können bis zu 1 Woche im Voraus zubereitet werden.

Karamell-Splitter

85 g Butter
85 g heller Zuckerrübensirup
150 g extrafeiner Zucker
2 TL Natron

ein Backblech, geölt

ca. 40 Stück

Dieses Toffee zergeht auf der Zunge und schmeckt köstlich – sowohl pur als auch mit dunkler Schokolade beträufelt. Präsentieren Sie die Karamell-Splitter in hübschen Geschenkschachteln, die zum Farbschema Ihrer Hochzeit passen. Für einen einfacheren, altmodischeren Look können Sie sie auch in braunen Papiertütchen verpacken, die mit hübschem pastellfarbenen Seidenpapier ausgekleidet sind.

Butter, Sirup und Zucker in einem großen Topf bei milder Hitze so lange erwärmen, bis die Butter geschmolzen ist und der Zucker sich aufgelöst hat. Zum Kochen bringen und ohne zu rühren ca. 6 Minuten lang kochen lassen. Den Topf gelegentlich schwenken, um eine gleichmäßige Färbung zu erreichen. Die Mischung sollte goldbraun sein.

Den Topf vom Herd nehmen, schnell das Natron unterrühren – dabei müssen Sie sehr vorsichtig sein, weil die Masse Blasen wirft und sich schnell ausdehnt – und sofort auf das vorbereitete Backblech gießen. Vollständig abkühlen und fest werden lassen, dann in Splitter brechen.

Bis zum Gebrauch in einem luftdicht verschließbaren Behälter aufbewahren.
Das Karamell kann bis zu 1 Woche im Voraus zubereitet werden.

Erdbeer-Marshmallows

125 g Erdbeeren, entstielt
1 TL Zitronensaft
2 ½ EL Gelatinepulver
450 g extrafeiner Zucker
160 ml heller Zuckerrübensirup
4–5 EL Speisestärke zum Bestäuben

eine rechteckige Backform (22 x 24 cm), mit Frischhaltefolie ausgekleidet und gefettet

ein Stück Frischhaltefolie, um die Form zu bedecken, gefettet

ein kleiner, runder Plätzchenausstecher (optional)

ca. 130 Stück

Mit frischen Erdbeeren selbst gemachte Marshmallows sind ein zauberhaftes Geschenk, wenn man sie in durchsichtige Zellophantütchen verpackt und diese mit Bändern verschließt. Für das gewisse Etwas können Sie noch ein Briefchen mit exklusiver Trinkschokolade beifügen.

Die Erdbeeren in einer Küchenmaschine zu einem glatten Püree verarbeiten. In eine große Rührschüssel umfüllen und den Zitronensaft unterrühren. Das Gelatinepulver darüberstreuen und einweichen lassen.

Zucker, Sirup und 200 ml Wasser in einem Topf unter gelegentlichem Rühren so lange sehr behutsam erhitzen, bis sich der Zucker vollständig aufgelöst hat. Zum Kochen bringen und auf 140 °C erhitzen. Vom Herd nehmen und ein paar Minuten lang abkühlen lassen.

Das Erdbeerpüree mit dem elektrischen Handrührgerät auf höchster Stufe durchrühren. Dann auf mittlere Stufe stellen und immer weiter rühren, dabei den Sirup kontinuierlich über die Schüsselwand in die Mischung laufen lassen. Etwa 10 Minuten lang rühren, bis die Masse sehr dick ist.

Die Masse in die vorbereitete Form füllen und mit der gefetteten Frischhaltefolie bedecken. An einem kühlen Ort mindestens 2 Stunden lang gelieren lassen, bis sich die Marshmallowmasse fest anfühlt.

Die Frischhaltefolie abziehen und die Oberseite der Masse mit ca. 1 Esslöffel Speisestärke leicht bestäuben. Auf ein großes Brett stürzen und die restliche Frischhaltefolie entfernen. Mit noch mehr Speisestärke bestäuben und mit einem scharfen, gefetteten Messer in 2 cm große Würfel schneiden (Achtung, die Würfel sind noch sehr klebrig). Alternativ können Sie mit einem kleinen Plätzchenausstecher Kreise aus der Masse ausstechen (ergibt weniger Marshmallows). Die restliche Speisestärke auf einen großen Teller sieben und die Marshmallows darin wälzen. Überschüssige Speisestärke abklopfen.

Bis zum Gebrauch in einem luftdicht verschließbaren Behälter aufbewahren. Die Marshmallows lassen sich bis zu 1 Woche im Voraus zubereiten.

Cake-Pops mit weißer Schokolade

2 EL Crème double

25 g Butter

1 Pr Salz

100 g weiße Schokolade, in Stücke gebrochen

175 g heller Rührkuchen, fein zerkrümelt

Zum Dekorieren

200 g weiße Schokolade, in Stücke gebrochen

rosa Zuckerstreusel in Herzform

20 Lutscherstiele

20 Stück

Diese niedlichen kleinen Kuchen am Stiel werden ein Lächeln auf die Gesichter Ihrer Gäste zaubern. Die Cake-Pops besitzen einen zarten Kern und eine knackige Hülle aus weißer Schokolade und sind ganz einfach zuzubereiten. Sie zu dekorieren ist eine schöne Beschäftigung – vielleicht beim Junggesellinnenabschied mit einem Gläschen Sekt?

Crème double, Butter, Salz und weiße Schokolade in einer hitzebeständigen Schüssel über einem heißen Wasserbad schmelzen lassen, anschließend vom Wasserbad nehmen und die Kuchenkrümel unterrühren. Etwa 1 Stunde lang im Kühlschrank fest werden lassen.

Von der Masse gehäufte Teelöffel abnehmen und zu Kugeln formen, die ungefähr so groß sind wie kleine Walnüsse. In jede Kugel vorsichtig einen Lutscherstiel stecken und die Cake-Pops über Nacht im Kühlschrank fest werden lassen.

Für die Dekoration die weiße Schokolade in einer hitzebeständigen Schüssel über einem heißen Wasserbad schmelzen lassen, anschließend vom Wasserbad nehmen und abkühlen lassen. Die Cake-Pops in die Schokolade tauchen und mit den herzförmigen Zuckerstreuseln dekorieren. Fest werden lassen, anschließend kalt stellen. (Als Ständer für Ihre Cake-Pops sind hohe Schnapsgläser gut geeignet.)

Bis zum Gebrauch in einem luftdicht verschließbaren Behälter aufbewahren. Die Cake-Pops können ca. 3 Tage im Voraus zubereitet werden.

Dunkle Schokoladentrüffel mit Blattgold

250 g dunkle Schokolade, in Stücke gebrochen

250 g Crème double

50 g Butter, gewürfelt

essbares Blattgold zum Dekorieren

ein Kugelausstecher

ein Backblech, mit Backpapier ausgelegt

ein weicher Pinsel

Pralinenförmchen aus Papier

ca. 40 Stück

Gehaltvolle, buttrige Trüffel geben wundervolle Pralinen für eine Hochzeit ab, aber wenn man sie in eine dünne Schicht essbaren Blattgoldes hüllt, dann werden sie zu etwas ganz Besonderem. Essbares Blattgold ist übers Internet oder in Fachgeschäften erhältlich. Es wird in dünnen Blättern zwischen Seidenpapier verkauft. Suchen Sie nach winzig kleinen Geschenkschachteln und setzen Sie in jede einen Trüffel. Vielleicht passen Sie auch die Größe der Trüffel an die gewählten Schachteln etwas an.

Die Schokolade in der Küchenmaschine fein hacken, dann in eine Rührschüssel umfüllen.

Sahne und Butter in einem kleinen Topf bei milder Hitze so lange erwärmen, bis die Mischung fast kocht, anschließend über die Schokolade in der Schüssel gießen und glatt rühren. Zugedeckt für ca. 4 Stunden in den Kühlschrank stellen, bis die Masse fest ist.

Mit dem Kugelausstecher kleine Mengen von der Masse abnehmen, behutsam zu Kugeln formen und auf das vorbereitete Backblech legen.

Nochmals für ca. 1 Stunde kalt stellen. Anschließend die obere Hälfte eines Trüffels behutsam auf einem Bogen Blattgold rollen und dieses mit dem Pinsel festdrücken. Jeden Trüffel in ein Pralinenförmchen setzen und bis zum Gebrauch in einem luftdicht verschließbaren Behälter im Kühlschrank aufbewahren. Die Trüffel können bis zu 1 Woche im Voraus zubereitet werden.

Kuchen & Törtchen

Brownie-Happen

60 g Butter

125 g dunkle Schokolade, in Stücke gebrochen

125 g extrafeiner Zucker

1 Pr Salz

2 Eier

60 g Mehl

eine 20 cm große quadratische Backform, mit Backpapier ausgekleidet

36 Stück

Jeder liebt gehaltvolle schokoladige Brownies. Stapeln Sie diese mundgerechten Brownies aufeinander, umwickeln Sie sie mit einem Streifen Backpapier und bekrönen Sie sie mit einer Schleife und einem Sträußchen Seidenblumen. Wenn Sie Ihre Brownies gerne nussig mögen, können Sie zusammen mit dem Mehl eine Handvoll Walnussstücke zur Masse geben.

Den Backofen auf 180 °C vorheizen.

Butter und Schokoladenstücke in einer hitzebeständigen Schüssel über einem heißen Wasserbad schmelzen lassen, anschließend vom Wasserbad nehmen und ca. 5 Minuten lang abkühlen lassen. Zucker und Salz einrühren, dann die Eier unterschlagen. Das Mehl über die Masse sieben und unterheben.

Die Masse in die vorbereitete Backform füllen und im vorgeheizten Backofen ca. 17 Minuten lang backen, bis sich der Teig fest anfühlt und die Oberseite hell ist. In der Form erkalten lassen.

Den Brownie auf ein großes Brett stürzen und das Quadrat mit einem scharfen Messer zunächst in 6 Streifen schneiden und diese in 6 Quadrate, sodass sich insgesamt 36 Quadrate ergeben.

Bis zum Gebrauch in einem luftdicht verschließbaren Behälter aufbewahren. Die Brownies können bis zu 4 Tage im Voraus gebacken werden.

Florale Mini-Kuchenhappen

115 g Butter

115 g extrafeiner Zucker

2 Eier

½ TL Vanilleextrakt

115 g Mehl

1 Pr Salz

1 leicht gehäufter TL Backpulver

2 EL Himbeerkonfitüre

Zum Dekorieren

600 g Puderzucker

1 EL heller Zuckerrübensirup

½ TL Vanilleextrakt

blaue, gelbe und rosa Speisefarbe

gebrauchsfertige Zuckerblüten

zwei 20 cm große quadratische Backformen, gefettet und mit Backpapier ausgekleidet

Pralinenförmchen aus Papier

49 Stück

Diese hübschen mundgerechten Kuchen geben wundervolle Petits Fours ab und sehen zauberhaft aus, wenn man sie in Pralinenförmchen und auf eleganten Tortenständern anrichtet. Verwenden Sie zur Dekoration fertige Zuckerblüten – die sehen professionell aus und erleichtern Ihnen das Leben enorm! Alternativ machen Sie sie nach der Anleitung auf Seite 43 selbst.

Den Backofen auf 180 °C vorheizen.

Butter und Zucker in einer großen Schüssel schaumig schlagen. Die Eier einzeln unterschlagen, dann den Vanilleextrakt unterrühren. Mehl, Salz und Backpulver über die Masse sieben und unterheben.

Die Masse auf die Backformen verteilen und im vorgeheizten Backofen ca. 13 Minuten lang backen, bis der Teig aufgegangen ist und die Oberfläche sich elastisch anfühlt. Zum Abkühlen auf ein Kuchengitter stürzen.

Einen der abgekühlten Kuchen mit einer dünnen Schicht Konfitüre bestreichen, den zweiten daraufsetzen und festdrücken. Mit einem scharfen Messer vorsichtig in 7 Streifen schneiden und diese in je 7 Würfel, sodass sich insgesamt 49 Würfel ergeben. Die Würfel mit Abstand auf ein Kuchengitter setzen.

Puderzucker, Sirup, Vanilleextrakt und 4 ½ Esslöffel Wasser in einer Schüssel miteinander verrühren. Die Mischung auf 3 hitzebeständige Schüsseln verteilen und unterschiedlich einfärben. Die Glasuren nacheinander über einem heißen Waserbad unter Rühren 3 Minuten lang erhitzen. Wenn der Guss zu zäh ist, können Sie tropfenweise Wasser unterrühren, bis die richtige Konsistenz erreicht ist. Jeweils ein Drittel der Kuchenwürfel schnell mithilfe eines Löffels mit dem Guss in einer Farbe überziehen und auf jeden Würfel eine Zuckerblüte in den feuchten Guss setzen. Die fertigen Würfel auf einem Kuchengitter trocknen lassen. Wenn der Guss getrocknet ist, jeden Kuchenhappen in ein Pralinenförmchen setzen.

Bis zum Gebrauch in einem luftdicht verschließbaren Behälter aufbewahren. Der Kuchen kann ein paar Tage im Voraus gebacken werden, dekoriert wird er am Tag vor der Hochzeit.

David.
Alex
Rosie.
Ella.

Cupcakes als Platzkarten

115 g zimmerwarme Butter
115 g extrafeiner Zucker
2 Eier
115 g Mehl
1 leicht gehäufter TL Backpulver

Zum Dekorieren
450 g Rollfondant
stachelbeergrüne Speisefarbe (oder eine Farbe Ihrer Wahl)
Puderzucker zum Bestäuben
2 EL Aprikosenkonfitüre, passiert

eine Muffinbackform mit 12 Vertiefungen, mit Papier- oder Metallförmchen ausgekleidet
ein runder Plätzchenausstecher in der Größe der Muffinförmchen
ein 5 cm großer Herz-Ausstecher
12 Holzspießchen mit Namensschildern

12 Stück

Sie können ein wenig Zeit und Energie sparen, indem Sie diese hübschen Cupcakes backen. Sie sind essbares Gastgeschenk und Platzkarte zugleich. Für den Guss können Sie eine beliebige Farbe auswählen: Eher elegant wirkt eine, die zum Farbschema Ihrer Hochzeit passt, witzig und verspielt sind leuchtende Pastellfarben. Raffinierte, lasergeschnittene Cupcake-Hüllen verleihen dem Ganzen den letzten Schliff.

Den Backofen auf 180 °C vorheizen.

Butter und Zucker in einer großen Schüssel schaumig schlagen. Die Eier einzeln unterschlagen. Mehl und Backpulver über die Masse sieben und unterheben.

Die Masse auf die Muffinförmchen verteilen und im vorgeheizten Backofen ca. 18 Minuten lang backen, bis die Küchlein aufgegangen, goldgelb und elastisch sind. Zum Erkalten auf ein Kuchengitter setzen.

Zum Dekorieren den oberen, aufgegangenen Teil der Küchlein so abschneiden, dass sie mit den Muffinförmchen eben abschließen. 350 g Fondant mit der Speisefarbe einfärben. Den Fondant auf einer mit Puderzucker bestäubten Arbeitsplatte 3 mm dick ausrollen. Mit dem runden Plätzchenausstecher 12 Kreise ausstechen. Die Küchlein mit der Aprikosenkonfitüre bestreichen, auf jedes einen Fondantkreis legen und diesen behutsam festdrücken.

Den restlichen ungefärbten Fondant ca. 5 mm dick ausrollen und 12 Herzen ausstechen. Die Unterseiten der Herzen mit ein wenig Wasser anfeuchten und auf die Küchlein kleben. Zuletzt die Spießchen mit den Namensschildern in die Küchlein stecken.

Bis zum Gebrauch in einem luftdicht verschließbaren Behälter aufbewahren. Die Cupcakes können ein paar Tage im Voraus gebacken werden, dekoriert werden sie am Tag vor der Hochzeit.

Französische Macarons

2 Eiweiß
rosa Speisefarbe
115 g gemahlene Mandeln
115 g Puderzucker
Schwarze Johannisbeer- oder Erdbeerkonfitüre zum Servieren

ein Spritzbeutel mit großer Rundtülle

zwei Backbleche, mit Backpapier ausgelegt

ca. 16 Paare

Paarweise zusammengesetzte, hübsche Macarons in Pastellfarben, verpackt in kleine Schachteln, sind tolle Gastgeschenke. Dieses Rezept ist für Macarons in einer Farbe, aber Sie können auch mehrere Portionen in verschiedenen Farben backen. Hellgrüne Macarons sehen toll aus, wenn man sie mit Nuss-Nougat-Creme zusammensetzt, während sich gelbe Macarons mit einer Füllung aus Lemon Curd gut machen.

Den Backofen auf 180 °C vorheizen.

Die Eiweiße in einer absolut sauberen und fettfreien Schüssel zu steifem Schnee schlagen. Ein paar Tropfen Speisefarbe hinzufügen und kurz unterrühren.

Mandeln und Puderzucker in einer separaten Schüssel vermischen. Anschließend über den Eischnee sieben und vorsichtig unterheben. Die Masse in den Spritzbeutel füllen und auf die vorbereiteten Backbleche in ausreichendem Abstand 2 cm große Kreise spritzen.

Die Macarons im vorgeheizten Backofen 10 Minuten lang backen. Aus dem Backofen nehmen und ein paar Minuten lang auf den Backblechen, dann auf einem Kuchengitter abkühlen lassen.

Eine Hälfte der Macarons dünn mit Konfitüre bestreichen und mit den restlichen Macarons zusammensetzen. Bis zum Gebrauch in einem luftdicht verschließbaren Behälter aufbewahren. Die Macarons können bis zu 3 Tage im Voraus gebacken werden, zusammengesetzt werden sie am Tag vor der Hochzeit.

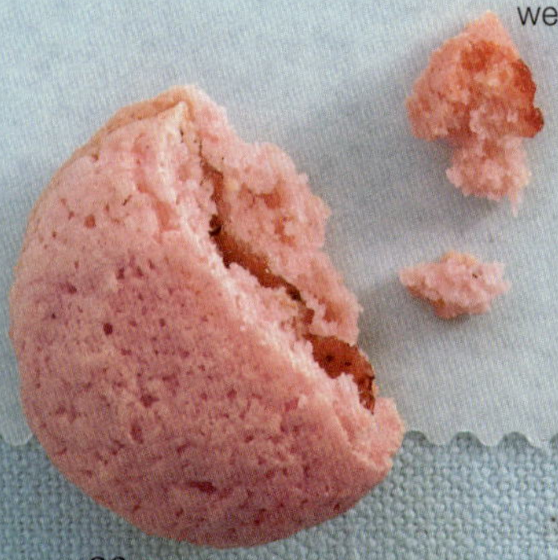

Herztörtchen

50 g gemahlene Mandeln
200 g Mehl und zusätzlich zum Bestäuben
2 EL extrafeiner Zucker
1 Pr Salz
100 g kalte Butter, gewürfelt
ca. 8 EL Himbeerkonfitüre

ein runder Plätzchenausstecher, der etwas größer ist als die Mulden der Backform
zwei Törtchenbackformen à 12 Vertiefungen
ein 4 cm großer Herz-Ausstecher
ein 2,5 cm großer Herz-Ausstecher

24 Stück

Diese süßen kleinen Himbeer-Mandel-Törtchen sehen einfach göttlich aus, wenn man sie in Geschenkschachteln auf zerknittertes Seidenpapier bettet. Setzen Sie ein Törtchen in eine quadratische Schachtel oder ein Paar in eine rechteckige Schachtel. Letzteres sieht noch hübscher aus, wenn Sie bei der Herzdekoration variieren.

Gemahlene Mandeln, Mehl, Salz und Zucker in einer Küchenmaschine vermischen. Die Butterwürfel hinzufügen und mit den trockenen Zutaten zu feinen Krümeln verarbeiten. Bei laufender Maschine nach und nach 3–4 Esslöffel Wasser hinzufügen, bis sich die Zutaten zu einem Teig verbinden. Den Teig in Frischhaltefolie wickeln und mindestens 30 Minuten lang kalt stellen.

Den Backofen auf 190 °C vorheizen.

Den Teig auf einer leicht bemehlten Arbeitsfläche 4 mm dick ausrollen. Mit dem runden Plätzchenausstecher 24 Kreise ausstechen. Den Teig nach Bedarf zusammenkneten und erneut ausrollen. Die Teigkreise in die Mulden der vorbereiteten Backformen drücken und die Böden mit einer Gabel einstechen. In jedes Törtchen 1 Teelöffel Konfitüre geben.

Aus dem restlichen Teig mit dem großen Herz-Ausstecher Herzen ausstechen. Mit dem kleinen Herz-Ausstecher aus den großen Herzen kleine Herzen ausstechen. Dekorieren Sie ein paar Törtchen mit den kleinen Herzen und andere mit den herzförmigen Umrissen. Im vorgeheizten Backofen in ca. 12 Minuten goldgelb backen. Zum Erkalten auf ein Kuchengitter setzen.

Bis zum Gebrauch in einem luftdicht verschließbaren Behälter aufbewahren. Die Törtchen können bis zu 2 Tage im Voraus gebacken werden.

Kirsch-Biscotti

2 Eier

geriebene Schale von ½ Orange

170 g Mehl

1 knapper TL Backpulver

60 g Polentagries

85 g extrafeiner Zucker

60 g getrocknete Kirschen

60 g blanchierte Mandeln

ein Backblech, gefettet

ca. 20 Stück

Knusprige, mit getrockneten Kirschen und Mandeln gespickte Biscotti mit zartem Zitrusaroma sind ein wunderbarer Leckerbissen zum Kaffee bei der Hochzeit, lassen sich aber auch leicht nach Hause transportieren. Besonders hübsch sehen sie aus, wenn man sie mit einem breiten Streifen dekorativen Papiers oder mit Stoffband zusammenbindet.

Den Backofen auf 160 °C vorheizen.

Die Eier mit der Orangenschale verquirlen und beiseite stellen.

Mehl, Backpulver, Polentagries und Zucker vermischen und zusammen in eine große Schüssel sieben. In die Mitte eine Mulde drücken und die verquirlten Eier hineingießen. Die Kirschen und die Mandeln hinzufügen und alles miteinander verrühren, anschließend behutsam zu einem weichen, klebrigen Teig kneten.

Den Teig zu einem 20 cm langen, 8 cm breiten und 2 cm hohen Laib formen und auf das vorbereitete Backblech legen. Im vorgeheizten Backofen in ca. 30 Minuten goldgelb backen.

Den Laib aus dem Ofen nehmen (nicht ausschalten) und auf dem Backblech ca. 5 Minuten lang abkühlen lassen. Anschließend den Laib auf ein Brett legen und mit einem gezähnten Messer vorsichtig in 8 mm dicke Scheiben schneiden.

Die Scheiben nebeneinander auf das Backblech legen und weitere 15–20 Minuten lang backen, bis sie knusprig und goldgelb sind. Zum Abkühlen auf ein Kuchengitter legen.

Bis zum Gebrauch in einem luftdicht verschließbaren Behälter aufbewahren. Die Biscotti können bis zu 4 Tage im Voraus gebacken werden.

Mini-Cupcakes

115 g zimmerwarme Butter
115 g extrafeiner Zucker
geriebene Schale von 1 Zitrone
2 Eier
115 g Mehl
1 Pr Salz
1 leicht gehäufter TL Backpulver

Zum Dekorieren

175 g zimmerwarme Butter
450 g Puderzucker, gesiebt
3 EL frisch gepresster Zitronensaft
Speisefarbe in Farben Ihrer Wahl
Zuckerstreusel
Silber-Dragées

eine Mini-Muffin-Backform mit 24 Vertiefungen, mit Papierförmchen ausgekleidet

ein Spritzbeutel mit großer Sterntülle

24 Stück

Kleine Cupcakes mit einer hübschen Haube aus pastellfarbener Buttercreme, in dekorative Schachteln verpackt, geben ein zauberhaftes Geschenk für Ihre Gäste ab, die die Törtchen entweder schon auf der Hochzeit verspeisen oder mit nach Hause nehmen und später genießen können. Suchen Sie im Internet nach Verpackungen für Ihre Törtchen oder werden Sie selbst kreativ. Wenn zwei Cupcakes in eine Schachtel passen sollen, muss diese ca. 10 x 5 x 7 cm groß sein.

Den Backofen auf 180 °C vorheizen.

Butter und Zucker in einer großen Schüssel schaumig schlagen. Zuerst die Zitronenschale, dann die Eier einzeln unterschlagen. Mehl, Salz und Backpulver über die Masse sieben und unterheben.

Die Masse in die Papierförmchen füllen und im vorgeheizten Backofen ca. 15 Minuten lang backen, bis die Küchlein aufgegangen, goldgelb und elastisch sind. Auf ein Kuchengitter setzen und zum Abkühlen beiseite stellen.

Für die Dekoration Butter, Puderzucker und Zitronensaft mit einem elektrischen Handrührgerät zu einer glatten, cremigen Masse verarbeiten. Mit einer Speisefarbe Ihrer Wahl einfärben (oder die Creme halbieren und mit zwei verschiedenen Farben färben) und noch einmal kurz durchrühren. Die Buttercreme in den Spritzbeutel füllen und auf die Küchlein spritzen. (Verfahren Sie mit der zweiten Portion Creme genauso, falls Sie zwei verschiedene Farben verwenden.) Mit Zuckerstreuseln bestreuen und zum Abschluss auf jeden Cupcake ein Silber-Dragée setzen.

Bis zum Gebrauch in einem luftdicht verschließbaren Behälter aufbewahren. Die Cupcakes können ein paar Tage im Voraus gebacken werden, dekoriert werden sie am Tag vor der Hochzeit.

Veredelte Florentiner

Süße, auf der Zunge zergehende Florentiner sind ein klassisches Konfekt und haben einen Stammplatz auf der Liste mit den essbaren Gastgeschenken. Diese hier sind mit einer dünnen Schicht weißer Schokolade überzogen, sie schmecken aber auch mit dunkler oder Vollmilchschokolade köstlich. Richten Sie sie auf einem dekorativen Teller auf dem Tisch an oder verpacken Sie kleine Stapel von Florentinern in zartem, mit einer Schleife zugebundenem Stoff.

50 g Butter
50 g extrafeiner Zucker
3 EL Crème double
25 g gehobelte Mandeln
50 g Pistazien, gehackt
25 g Walnüsse, gehackt
60 g gemischte kandierte Früchte, z.B. Aprikosen, Kirschen, Orangen- und Zitronenschale
2 EL Mehl
100 g weiße Schokolade, in Stücke gebrochen, zum Dekorieren

2 Backbleche, mit Backpapier ausgelegt und gefettet

24 Stück

Den Backofen auf 180 °C vorheizen.

Butter, Zucker und Crème double in einem großen Topf sehr behutsam erhitzen, bis die Butter geschmolzen ist. Zum Kochen bringen, dann vom Herd nehmen und die Nüsse, die kandierten Früchte und das Mehl unterrühren.

Mit einem Teelöffel kleine Mengen von der Masse abnehmen und in ausreichendem Abstand auf die vorbereiteten Backbleche setzen. Im vorgeheizten Backofen ca. 10 Minuten lang goldgelb backen. Aus dem Backofen nehmen und die noch warmen Florentiner zu sauberen Kreisen formen, indem Sie ein Messer gegen die Ränder drücken. Anschließend ca. 10 Minuten lang abkühlen lassen. Vorsichtig das Backpapier abziehen und die Florentiner zum Erkalten auf ein Kuchengitter legen.

Die Schokolade in einer hitzebeständigen Schüssel über einem heißen Wasserbad schmelzen lassen. Die Unterseiten der Florentiner mit einem Messer dünn mit der geschmolzenen Schokolade bestreichen. Die Schokolade etwas antrocknen lassen, dann mit den Zinken einer Gabel ein wellenförmiges Muster in die Schokolade ziehen. Anschließend vollständig trocknen lassen.

Bis zum Gebrauch in einem luftdicht verschließbaren Behälter aufbewahren. Die Florentiner können bis zu 1 Woche im Voraus zubereitet werden.

Baiser-Küsse

2 Eiweiß

115 g extrafeiner Streuzucker

ein Spritzbeutel mit großer Rundtülle

zwei Backbleche, mit Backpapier ausgelegt

ca. 50 Stück

Luftig-leichte weiße Baisers haben etwas Unwiderstehliches. In Schachteln verpackt und mit einer Schleife verziert sehen sie zauberhaft aus, machen sich aber auch toll auf einem Tortenständer aufgetürmt und mit rosa Rosenblütenblättern bestreut. Wenn Sie etwas risikofreudiger sind, können Sie die Baisers sogar zusammen mit getrockneten Rosenknospen oder Blütenblättern zu Girlanden auffädeln und die Tische dekorieren. Wenn Sie Ihre Baisers als Tischdekoration anrichten, servieren Sie dazu ein Schälchen mit Schlagsahne und frische Erdbeeren.

Den Backofen auf 110 °C vorheizen.

Das Eiweiß in einer absolut sauberen, fettfreien Schüssel mit einem elektrischen Handrührgerät zu steifem Schnee schlagen. Den Zucker esslöffelweise unterschlagen. Nach jeder Zugabe gründlich rühren, bis die Masse dick und glänzend ist.

Die Baisermasse in den Spritzbeutel füllen und Tupfen auf die vorbereiteten Backbleche spritzen. Im vorgeheizten Backofen ca. 1 Stunde lang backen, bis die Baisers trocken und knusprig sind. Aus dem Backofen nehmen und abkühlen lassen.

Bis zum Gebrauch in einem luftdicht verschließbaren Behälter aufbewahren. Die Baiser-Küsse können bis zu 4 Tage im Voraus gebacken werden.

Festliche Plätzchen

Blütenplätzchen

85 g zimmerwarme Butter
100 g extrafeiner Zucker
1 Eigelb
200 g Mehl
1 Pr Salz
2 Eiweiß (Größe L)
500 g Puderzucker, gesiebt
blattgrüne Speisefarbe
Zitronensaft zum Beträufeln
fertige Zuckerblüten oder 200 g rosa Rollfondant *

zwei Backbleche, gefettet
zwei Spritzbeutel mit kleinen Rundtüllen
ein Blütenausstecher (optional)

10 Stück

Diese Plätzchen haben eine glänzende und glatte Glasur und sind trotz ihrer professionellen Erscheinung sehr leicht zu backen.

Butter und Zucker in einer großen Schüssel schaumig schlagen, dann das Eigelb unterschlagen. Mehl und Salz darübersieben und alles gründlich miteinander verrühren. Den Teig zu einer Kugel formen, in Frischhaltefolie wickeln und 1 Stunde lang kalt stellen.

Den Backofen auf 180 °C vorheizen. Den Teig auf einer leicht bemehlten Arbeitsfläche ca. 6 mm dick ausrollen und mit einem Messer Quadrate mit 7 cm Seitenlänge ausschneiden. Die Quadrate auf die vorbereiteten Backbleche legen und im vorgeheizten Backofen ca. 14 Minuten lang blassgold backen. Auf einem Kuchengitter abkühlen lassen.

Eiweiß und Puderzucker zu einer dicken, glatten Glasur schlagen. Ein Viertel der Glasur in eine separate Schüssel füllen und mit der Speisefarbe grün färben. Die Oberfläche mit Frischhaltefolie bedecken, damit die Glasur nicht austrocknet.

Etwa ein Drittel der weißen Glasur in einen Spritzbeutel geben und auf den Plätzchen im Abstand von ca. 5 mm zum Rand einen Rahmen ziehen. Die restliche Glasur in der Schüssel mit so viel Zitronensaft vermischen, dass sie sich träufeln lässt. Den Rahmen aus Zuckerguss damit ausfüllen. Trocknen lassen.

Die zurückbehaltene grüne Glasur in den zweiten Spritzbeutel füllen und zarte Stängel auf die getrockneten Plätzchen spritzen. Auf die Rückseite jeder Blüte einen kleinen Tupfen Glasur geben und die Zuckerblüten an den Stängeln befestigen. Trocknen lassen.

Die getrockneten Plätzchen bis zum Gebrauch in einem luftdicht verschließbaren Behälter aufbewahren. Die Plätzchen können ein paar Tage im Voraus gebacken werden, dekoriert werden sie aber erst 1 bis 2 Tage vor der Hochzeit.

* Zuckerblüten lassen sich aus Rollfondant auch leicht selbst herstellen. Rollen Sie ein Stück Fondant auf einer mit Puderzucker bestäubten Arbeitsfläche aus. Mit einem Ausstecher Blüten ausstechen. Die Blüten mithilfe eines Messers auf einen gewölbten Blütenformer legen. Lassen Sie die Blüten vollständig trocknen, bevor Sie Ihre Plätzchen damit dekorieren. Die Zuckerblüten können mehrere Wochen im Voraus angefertigt und bis zum Gebrauch in einem luftdicht verschließbaren Behälter aufbewahrt werden.

Zuckerplätzchen am Band

Diese einfachen Butterplätzchen sehen hübsch aus, wenn man sie unterschiedlich dekoriert und dann kombiniert.

115 g zimmerwarme Butter

50 g extrafeiner Zucker und zusätzlich zum Bestreuen

1 Eigelb

175 g Mehl

1 Pr Salz

2 EL Milch zum Bestreichen

Zum Dekorieren

200 g Rollfondant

2 EL Aprikosenkonfitüre, passiert

essbarer Goldpuder

ein 7,5 cm großer herzförmiger Plätzchenausstecher

zwei Backbleche, gefettet

ein Trinkhalm

ein weicher Pinsel

14 Organzabänder

14 Stück

Butter und Zucker in einer großen Schüssel schaumig schlagen, dann das Eigelb unterschlagen. Mehl und Salz darübersieben und alles gründlich miteinander verrühren. Die Mischung auf einer leicht bemehlten Arbeitsfläche behutsam zu einem weichen Teig kneten. In Frischhaltefolie wickeln und 30 Minuten lang kalt stellen.

Den Backofen auf 180 °C vorheizen. Den Teig auf einer leicht bemehlten Arbeitsfläche ca. 6 mm dick ausrollen. Herzen ausstechen und auf die vorbereiteten Backbleche legen. Für die mit Zucker bestreuten Plätzchen bestreichen Sie diese mit ein wenig Milch und bestreuen Sie sie mit reichlich Zucker. Mit dem Trinkhalm in jedes Herz ein Loch stechen. Im vorgeheizten Backofen ca. 10 Minuten lang goldgelb backen. Ein paar Minuten lang auf den Blechen, dann auf einem Kuchengitter abkühlen lassen.

Für die Plätzchen mit Überzug den Fondant auf Backpapier 2 mm dick ausrollen. Die Plätzchen dünn mit der Aprikosenkonfitüre bestreichen. Mit dem Plätzchenausstecher Herzen aus dem Fondant ausstechen und auf die Plätzchen legen. Mit dem Trinkhalm Löcher in die Fondantherzen stechen. Mit einem weichen Pinsel den Goldpuder aufbringen und trocknen lassen.

Bis zum Gebrauch in einem luftdicht verschließbaren Behälter aufbewahren. Die Zuckerplätzchen können bis zu 3 Tage im Voraus gebacken werden. Für die Dekoration jedes Plätzchen auf ein Organzaband fädeln und eine Schleife binden.

Konfettiplätzchen

Diese niedlichen Plätzchen sehen hübsch aus, wenn man sie über die Tische streut. Glasieren Sie sie in Ihren Hochzeitsfarben oder dekorieren Sie sie in Pastelltönen – genau wie Konfetti aus Papier.

150 g Mehl
100 g kalte Butter, gewürfelt
85 g extrafeiner Zucker
1 Pr Salz
1 Eigelb

Zum Dekorieren
200 g Puderzucker
2 EL Zitronensaft
Speisefarbe in verschiedenen Farben

Mini-Plätzchenausstecher (ca. 2,5 cm groß)
2 Backbleche, gefettet

ca. 80 Stück

Mehl und Butter in einer Küchenmaschine zu feinen Krümeln verarbeiten. Zucker, Salz und Eigelb hinzufügen und untermischen. Auf einer leicht bemehlten Arbeitsfläche zu einem Teig kneten. Zu einer Kugel formen und in Frischhaltefolie gewickelt mindestens 30 Minuten lang kalt stellen.

Den Backofen auf 180 °C vorheizen. Den Plätzchenteig auf einer leicht bemehlten Arbeitsfläche ca. 5 mm dick ausrollen und Formen ausstechen. Auf die vorbereiteten Backbleche legen und im vorgeheizten Backofen ca. 10 Minuten lang goldgelb backen. Zum Abkühlen auf ein Kuchengitter legen.

Für die Dekoration den Puderzucker in eine Schüssel sieben und mit dem Zitronensaft zu einer glatten, dickflüssigen Glasur verrühren. Nach Bedarf noch etwas Wasser hinzufügen. Die Glasur auf kleinere Schüsseln verteilen (je nachdem, in wie vielen Farben Sie Ihr Konfetti dekorieren wollen) und jede Glasur unterschiedlich färben. Alle Plätzchen kopfüber in eine Schüssel mit Glasur tauchen, überschüssige Glasur abtropfen lassen und zum Trocknen mit der Glasur nach oben auf das Kuchengitter legen.

Bis zum Gebrauch in einem luftdicht verschließbaren Behälter aufbewahren. Die Konfettiplätzchen können bis zu 4 Tage im Voraus gebacken werden, dekoriert werden sie aber erst 1 bis 2 Tage vor der Hochzeit.

Serviettenband mit Lebkuchenherzen

115 g zimmerwarme Butter

115 g feiner brauner Zucker

1 Ei

75 g heller Zuckerrübensirup

400 g Mehl

1 Pr Salz

1 TL gemahlener Ingwer

75 g weiße Schokolade zum Dekorieren

ein 6,5 cm großer herzförmiger Plätzchenausstecher

ein Trinkhalm

zwei Backbleche, gefettet

ein Spritzbeutel mit kleiner Rundtülle

40 Seidenbänder, 70 cm lang und 5 mm breit

ca. 40 Stück

Diese süßen und köstlichen Lebkuchenplätzchen sind ein witziger Ersatz für Serviettenringe und sehen einfach fantastisch aus. Sie können die Dekoration einfach halten oder – wenn Sie Lust haben – mit Glasur Namen auf die Plätzchen schreiben und sie so als Serviettenring, Gastgeschenk und Platzkarte zugleich verwenden. Wählen Sie die Farben der Bänder so, dass sie zu Ihrer restlichen Dekoration passen.

Butter und Zucker in einer großen Rührschüssel schaumig schlagen, dann das Ei und anschließend den Sirup unterschlagen. Mehl, Salz und Ingwer über die Mischung sieben und unterheben. Die Masse auf einer leicht bemehlten Arbeitsfläche behutsam zu einem weichen Teig kneten. Zu einer Kugel formen und in Frischhaltefolie gewickelt 30 Minuten lang kalt stellen.

Den Backofen auf 180 °C vorheizen. Den Teig auf einer leicht bemehlten Arbeitsfläche ca. 5 mm dick ausrollen. Herzen ausstechen und mit einem Trinkhalm in jedes Herz ein Loch für das Seidenband stechen.

Die Plätzchen auf die vorbereiteten Backbleche legen und im vorgeheizten Backofen ca. 12 Minuten lang backen, bis sie an den Rändern leicht Farbe annehmen. Ein paar Minuten lang auf den Blechen, dann auf einem Kuchengitter abkühlen lassen.

Für die Dekoration die weiße Schokolade in Stücke brechen und in einer hitzebeständigen Schüssel über einem heißen Wasserbad unter Rühren schmelzen lassen, dann vom Wasserbad nehmen und kurz abkühlen lassen. Die Schokolade in den Spritzbeutel füllen und die Plätzchen damit verzieren, z.B. mit Linien und Tupfen oder den Namen Ihrer Gäste. An einem kühlen Ort trocknen lassen.

Bis zum Gebrauch in einem luftdicht verschließbaren Behälter aufbewahren. Die Plätzchen können bis zu 4 Tage im Voraus gebacken werden, dekoriert werden sie aber erst 1 bis 2 Tage vor der Hochzeit. Für die Serviettenbänder die Seidenbänder um die Servietten wickeln, die Plätzchen auffädeln und festknoten, die Enden lose herunterhängen lassen.

John

Pip
Tess
Luke
Suzie

Glitzernde Turteltauben-Plätzchen

Diese einfachen, glitzernden Zuckerplätzchen sehen zauberhaft aus, wenn Sie sie in die gefalteten Servietten Ihrer Gäste setzen. Sie wirken sowohl auf weißem als auch auf farbigem Leinen und sehen auch mit ein wenig silbernem oder transparentem essbaren Glitter bestreut gut aus.

115 g zimmerwarme Butter
50 g extrafeiner Zucker
1 Ei
200 g Mehl
1 Pr Salz
1 EL gemahlene Mandeln

Zum Dekorieren
50 g Puderzucker
2 TL Zitronensaft
Kristallzucker zum Bestreuen
essbarer Glitter oder Streusel (optional)

ein 8 cm großer Plätzchenausstecher in Taubenform
zwei Backbleche, gefettet

ca. 24 Stück

Butter und Zucker in einer großen Rührschüssel schaumig schlagen. Das Ei unterschlagen, dann Mehl, Salz und Mandeln über die Mischung sieben und unterheben. Behutsam zu einem weichen Teig kneten. Zu einer Kugel formen und in Frischhaltefolie gewickelt ca. 1 Stunde lang kalt stellen.

Den Backofen auf 180 °C vorheizen.

Den Teig auf einer leicht bemehlten Arbeitsfläche ca. 4 mm dick ausrollen und Tauben ausstechen. Auf die vorbereiteten Backbleche legen und im vorgeheizten Backofen ca. 10 Minuten lang goldgelb backen. Ein paar Minuten lang auf den Blechen, dann auf einem Kuchengitter abkühlen lassen.

Für die Dekoration den Puderzucker mit dem Zitronensaft glatt rühren. Die Plätzchen damit dünn bestreichen und mit reichlich Kristallzucker bestreuen. Nach dem Trocknen überschüssigen Zucker abschütteln und die Plätzchen mit ein wenig essbarem Glitter oder Streuseln bestreuen, falls gewünscht.

Bis zum Gebrauch in einem luftdicht verschließbaren Behälter aufbewahren. Die Plätzchen können bis zu 4 Tage im Voraus gebacken werden.

Namensplätzchen mit zweierlei Schokolade

150 g zimmerwarme Butter
150 g extrafeiner Zucker
2 Eigelb
50 g dunkle Schokolade, geschmolzen
300 g Mehl
1 Pr Salz
75 g weiße Schokolade zum Dekorieren

ein runder Plätzchen-ausstecher mit 8,5 cm Durchmesser und gewelltem Rand

2 Backbleche, gefettet

ein Spritzbeutel mit kleiner Rundtülle

10 Stück

Die Sitzordnung für Ihre Hochzeit zu erstellen, kann manchmal recht knifflig sein. Bringen Sie doch mit diesen witzigen Platzkarten-Keksen ein wenig Spaß in die Angelegenheit. Sie können sie einfach halten und die Schokoplätzchen nur mit weißer Schokolade verzieren oder mit zusätzlichen Dekorationen, zum Beispiel Gold- oder Silberdragees. Stecken Sie die Plätzchen in mit Schleifen, Blüten oder Schmetterlingen verzierte kleine Umschläge – das sieht hübsch aus, und Ihre Gäste können Sie so bequem mit nach Hause nehmen.

Den Backofen auf 180 °C vorheizen.

Butter und Zucker in einer großen Schüssel schaumig schlagen. Zunächst das Eigelb, dann die geschmolzene dunkle Schokolade unterschlagen. Mehl und Salz über die Mischung sieben und unterheben. Auf einer leicht bemehlten Arbeitsfläche behutsam zu einem weichen Teig kneten. Zu einer Kugel formen und in Frischhaltefolie gewickelt 30 Minuten lang kalt stellen.

Den Teig zwischen zwei Bögen Backpapier ca. 6 mm dick ausrollen. Runde Plätzchen ausstechen und auf die vorbereiteten Backbleche legen. Im vorgeheizten Backofen 10–12 Minuten lang backen. Ein paar Minuten lang auf den Blechen, dann auf einem Kuchengitter abkühlen lassen.

Für die Dekoration die weiße Schokolade in Stücke brechen und in einer hitzebeständigen Schüssel über einem heißen Wasserbad unter Rühren schmelzen lassen. Vom Wasserbad nehmen und etwas abkühlen lassen. Die Schokolade in den Spritzbeutel füllen und in die Mitte der Plätzchen Namen spritzen. Die Ränder mit Linien, Schnörkeln, Punkten und Herzen verzieren. An einem kühlen Ort trocknen lassen.

Bis zum Gebrauch in einem luftdicht verschließbaren Behälter aufbewahren. Die Plätzchen können bis zu 4 Tage im Voraus gebacken werden, dekoriert werden sie aber erst 1 bis 2 Tage vor der Hochzeit.

Eric
Mario
John

Weitere Hochgenüsse

Hochzeits-Erdbeerkonfitüre

Verschenken Sie liebevolle Erinnerungen mit dieser selbstgemachten Konfitüre in hübsch dekorierten Gläsern. Sie können gleichartige Mini-Einmachgläser kaufen oder verschiedene kleine Gläser nehmen, wie sie für Gewürze, Eingelegtes, Saucen und Babynahrung verwendet werden. Dekorieren Sie die Gläser zum Schluss mit hübschem Stoff oder luxuriöser Spitze, die Sie mit einem Band oder farbiger Kordel festbinden. Diese Gastgeschenke können Wochen oder sogar Monate im Voraus zubereitet werden.

1,25 kg Erdbeeren, entstielt
1,25 kg Kristallzucker
frisch gepresster Saft von 2 Zitronen

10 kleine sterilisierte Gläser (siehe Seite 4)

10 Stoffkreise mit einem Muster Ihrer Wahl

Kordel oder Stoffband

ca. 10 kleine Gläser

Die Erdbeeren vierteln und in eine große nichtmetallene Schüssel geben. Mit dem Zucker bestreuen und dem Zitronensaft beträufeln, dann mit Frischhaltefolie abdecken und über Nacht stehen lassen.

Die Fruchtmischung in einen Einmachtopf füllen und unter Rühren so lange behutsam erhitzen, bis sich der Zucker vollständig aufgelöst hat. 10–15 Minuten lang bis zu 105 °C kochen lassen. Aufsteigenden Schaum abschöpfen. 5 Minuten lang stehen lassen, dann umrühren. Die Konfitüre vorsichtig mithilfe eines Trichters in die sterilisierten Gläser füllen und sofort verschließen, dann erkalten lassen.

Dekorieren Sie Ihre Gläser mit Stoffkreisen, die Sie mit einem Stück Schnur oder Stoffband festbinden. Eine ganz besondere persönliche Note erhalten die Geschenke mit einem handgeschriebenen Etikett.

Haselnuss-Mandel-Krokant

115 g Zucker
60 g Haselnüsse
60 g gehobelte oder halbierte blanchierte Mandeln

ein großes Backblech, gefettet

ca. 8 Tütchen

Diese goldbraunen, nussigen Karamellhappen schmecken göttlich und sehen traumhaft aus, wenn man sie in schlichte Zellophantütchen verpackt, die man einfach mit einer Schleife zubindet oder mit anderem Schmuck, wie diesen niedlichen Knöpfen, verziert. Sie können den Krokant in kleinere Stücke brechen und mehrere davon in ein Tütchen geben oder große Stücke abbrechen und einzeln verpacken.

Den Zucker in einem großen Topf mit schwerem Boden bei milder bis mittlerer Hitze ohne zu rühren so lange behutsam erwärmen, bis der Zucker anfängt zu schmelzen. Ab diesem Moment kräftig rühren und so lange weiter erhitzen, bis der flüssige Zucker klar und goldgelb ist.

Die Nüsse und Mandeln in den Topf geben, umrühren und ca. 1 Minute lang kochen lassen. Die mit Karamell umhüllten Nüsse und Mandeln auf dem vorbereiteten Backblech behutsam verstreichen. Etwa 20 Minuten lang abkühlen lassen, anschließend in Stücke brechen.

Wenn Sie den Krokant sofort verpacken, achten Sie darauf, dass die Nüsse vollständig erkaltet sind. Andernfalls können Sie den Krokant bis zum Gebrauch in einem luftdicht verschließbaren Behälter aufbewahren. Er kann bis zu 1 Woche im Voraus zubereitet werden.

Goldenes Karamellpopcorn

Dieses süße, zuckrige und mit goldenem Karamell beträufelte Popcorn sieht einfach toll aus, wenn man es in Schachteln aus dekorativem Karton füllt. Wenn es Ihnen zu viel Aufwand erscheint, die Schachteln selbst herzustellen, dann können Sie das Popcorn auch in dekorative Pappbecher oder in bunt gestreifte Papiertüten füllen.

1 EL Sonnenblumenöl
100 g Puffmais
225 g Zucker
80 g heller Zuckerrübensirup
zwei Backbleche, gefettet
ca. 12 Tüten

Bereiten Sie zuerst das Popcorn zu. Dafür das Öl und ein paar Maiskörner in einem großen, schweren Topf mit Deckel erhitzen. Sobald Sie hören, dass die Maiskörner aufplatzen, geben Sie die restlichen Körner in den Topf und legen den Deckel auf. Wenn die Maiskörner anfangen zu platzen, den Topf immer wieder rütteln und so lange weiter erhitzen, bis keine Maiskörner mehr platzen. Vom Herd nehmen und das Popcorn auf den vorbereiteten Backblechen ausbreiten.

Für das Karamell Zucker, Sirup und 100 ml Wasser in einem Topf unter gelegentlichem Rühren so lange sehr vorsichtig erhitzen, bis sich der Zucker aufgelöst hat. Zum Kochen bringen und ohne zu rühren auf 140 °C erhitzen. (Wenn Sie kein Zuckerthermometer haben, lassen Sie einen Tropfen Sirup in ein Glas kaltes Wasser fallen. Wenn er abgekühlt ist, sollten Sie ihn zu festen, biegsamen Fäden ziehen können.) Den Sirup vom Herd nehmen und vorsichtig über das Popcorn träufeln.

Vollständig erkalten lassen. Das Popcorn mit einem Palettenmesser von den Blechen heben und alle größeren Stücke, die zusammenkleben, auseinanderbrechen.

Bis zum Gebrauch in einem luftdicht verschließbaren Behälter aufbewahren. Das Karamellpopcorn kann bis zu 3 Tage im Voraus zubereitet werden.

Karamelläpfel

10 aromatische Äpfel, z.B. Braeburn oder Pink Lady

450 g feiner hellbrauner Zucker

50 g Butter

4 EL heller Zuckerrübensirup

10 Eis- oder Lutscherstiele aus Holz

ein Backblech, mit Backpapier ausgelegt

10 Stück

Diese süßen Äpfel eignen sich ausgezeichnet für eine Hochzeit im Herbst. Sie besitzen eine nostalgische Note und sehen in Zellophan verpackt, mit farbiger Kordel verschnürt und einem dekorativen Blatt verziert einfach umwerfend aus. Sie können sie mit Geschenketiketten vom Brautpaar versehen oder einfach auf jedes Gedeck einen Apfel setzen.

Die Äpfel in warmem Seifenwasser gut waschen, gründlich abspülen und trocken tupfen. In jeden Apfel einen Eis- oder Lutscherstiel stecken.

Den Zucker und 200 ml Wasser in einem schweren Topf bei milder Hitze unter gelegentlichem Rühren so lange erwärmen, bis sich der Zucker aufgelöst hat. Butter und Sirup unterrühren, zum Kochen bringen und ohne zu rühren auf 140 °C erhitzen. (Wenn Sie kein Zuckerthermometer haben, lassen Sie einen Tropfen Sirup in ein Glas kaltes Wasser fallen. Wenn er abgekühlt ist, sollten Sie ihn zu festen, biegsamen Fäden ziehen können.) Vom Herd nehmen und jeden Apfel schnell, aber vorsichtig ins Karamell tauchen und so lange darin wenden, bis er rundum davon bedeckt ist. Auf dem vorbereiteten Backblech fest werden lassen.

Die vollständig fest gewordenen Äpfel bis zum Gebrauch in einem luftdicht verschließbaren Behälter aufbewahren. Die Karamelläpfel können bis zu 2 Tage im Voraus zubereitet werden.

Polly X
Luca X
Sophia X

Holunderblütensirup

Dieser hübsche hellrosa Sirup ist süß und herb zugleich, duftet und prickelt auf der Zunge. Er ist das ideale Geschenk für Ihre Gäste, die ihn mitnehmen und mit Sprudel aufgegossen genießen können. Je nachdem, in welcher Jahreszeit Sie heiraten, können Sie den Sirup zubereiten, wenn der Holunder blüht, und ihn bis zum Hochzeitstag einfrieren. Wählen Sie Blütendolden mit geöffneten Blüten, die noch nicht welk sind.

900 g Zucker
2,5 l kochendes Wasser
rosa Speisefarbe
1 Päckchen Zitronensäure
30 Holunderblütendolden
2 Zitronen, in dünne Scheiben geschnitten

kleine sterilisierte Flaschen (siehe Seite 4)

ca. 2 Liter

Den Zucker in einer großen hitzebeständigen Schüssel mit dem kochenden Wasser übergießen. Ein paar Tropfen Speisefarbe hinzufügen, damit der Sirup zart rosa wird. So lange rühren, bis sich der Zucker aufgelöst hat. Zum Abkühlen beiseite stellen.

Die Zitronensäure in die abgekühlte Mischung geben und verrühren. Die Blütendolden leicht abschütteln und zusammen mit den Zitronenscheiben zum Zuckersirup geben. Unter gelegentlichem Rühren 24 Stunden lang ziehen lassen.

Die Mischung durch ein Mulltuch abseihen und in sterilisierte Flaschen füllen oder bis zur Hochzeit einfrieren.

Register